I Am Happy
Yo Soy Feliz

Written by Karina Jacob

Illustrated by Victoria Bruno

Balboa Press books may be ordered through booksellers or by contacting:

Balboa Press
A Division of Hay House
1663 Liberty Drive
Bloomington, IN 47403
www.balboapress.com
844-682-1282

Illustrated by: Victoria Bruno

ISBN: 978-1-9822-5565-7 (sc)
ISBN: 978-1-9822-5566-4 (e)

Library of Congress Control Number: 2020918680

Print information available on the last page.

Balboa Press rev. date: 11/13/2020

BALBOA.PRESS
A DIVISION OF HAY HOUSE

I Am Happy
Yo Soy Feliz

Through my journey of spiritual exploration, I felt inspired to write "I Am Happy," a children's book about self-awareness. By sharing this experience with children, this book intends to light a little flame in their hearts and minds, to make a better world. It is a simple, fun, and uplifting bilingual book to enjoy with the whole family.

The following idea is in the content of the book:

Do things that one loves as they bring the feelings of happiness and joy. Like a ripple, these feelings expand all around oneself, all others and everything else.

I am grateful for the loving support and encouragement of my family, friends, and teachers. I also want to thank Victoria for all her beautiful illustrations that make this book shine with love and talent.

A través de mi camino de exploración espiritual, me sentí inspirada a escribir "Yo Soy Feliz", un libro para niños sobre la conciencia de uno mismo. Al compartir esta experiencia con los niños, este libro intenta encender una pequeña llama en sus corazones y en sus mentes, para lograr un mundo mejor. Este es un libro bilingüe, simple, divertido y que eleva el espíritu, para disfrutarlo con la familia.

La siguiente idea está en el contenido del libro:

Haz cosas que te encantan ya que dan sentimientos de felicidad y alegría. Como una onda expansiva, estos sentimientos se expanden alrededor de uno, los demás y todo el resto.

Estoy agradecida por el amor, apoyo y aliento de mi familia, amigos y maestros. También agradezco a Victoria por sus hermosas ilustraciones que hacen que este libro brille con amor y talento.

I am happy doing things that I love, and I would like to share them with you.

I am happy...

Yo soy feliz haciendo cosas que me encantan y me gustaría compartirlas contigo.

Yo soy feliz...

Playing in the sand and blowing bubbles

Jugando en la arena y soplando burbujas

Painting with beautiful colors

Pintando con hermosos colores

Drawing the beauty that I see

Dibujando la belleza que veo

Reading my favorite book

Leyendo mi libro favorito

Writing loving words

Escribiendo palabras cariñosas

Dancing to the rhythm of the music

Bailando al ritmo de la música

Singing fun songs

Cantando canciones divertidas

Playing musical instruments

Tocando instrumentos musicales

Helping and caring around me

Ayudando y cuidando a mí alrededor

Imagining and creating wonderful ideas

Imaginando y creando ideas maravillosas

Running free like the wind

Corriendo libre como el viento

Swimming under the water like a fish

Nadando bajo el agua como un pez

When I do the things I love, I send waves of happy feelings all around me!

¡Cuando hago cosas que me encantan, yo
mando olas de felicidad a mí alrededor!

Karina Jacob, Author
Karina was born and raised in Asunción, Paraguay, which inspired her to write in English and Spanish. She is an early childhood educator and believes in the love that each one of us have in our hearts, and when we share it with others, we make the world a better place.

Karina nació y creció en Asunción, Paraguay, lo cual le inspiró a escribir en inglés y español. Ella es maestra de párvulos y cree en el amor que cada uno de nosotros tiene en el corazón, y cuando lo compartimos con los demás, hacemos que el mundo sea mejor.

Victoria Bruno, Illustrator
Victoria was born and raised in Santiago, Chile. A self-taught artist, she is an early childhood educator that loves to teach and create. She believes in freedom and mutual love. She dreams of a world full of colors where everyone can see their reflection in each other.

Victoria nació y creció en Santiago, Chile. Es una artista autodidacta y maestra de párvulos, que adora enseñar y crear. Ella cree en la libertad y el amor mutuo. Sueña con un mundo lleno de colores donde todos puedan verse reflejados en el otro.

Author's note

The character in this book is a child who, in a playful and fun way, represents each one of us readers and our potential to make a better world.

These times have allowed us to become more present and find happiness by doing simple things in life that we love and enjoy. For example: calling loved ones, going for a walk, practicing a hobby, listening to music, volunteering, etc.

When we shift our attention from our busy day, to focus on doing things that we love, it brings forth feelings of happiness from our hearts. This, in turn, uplifts our soul, empowering and shifting our life experience. These feelings produce the natural feel-good chemicals in our bodies that enhance our well-being. In this positive state, through a ripple effect, we transmit these good vibes to all others.

El personaje de este libro es un niño que, de una manera juguetona y divertida, representa a cada uno de nosotros, los lectores y nuestro potencial para hacer un mundo mejor.

Esta época nos ha permitido estar más presentes y encontrar la felicidad haciendo cosas simples en la vida que nos encantan y disfrutamos. Por ejemplo: llamar a nuestros seres queridos, salir a caminar, practicar un pasatiempo, escuchar música, ser voluntario, etc

Cuando cambiamos nuestra atención de nuestro día ocupado, para enfocar en hacer cosas que nos encantan, esto nos da sentimientos de felicidad a nuestros corazones. Esto, a su vez, eleva nuestra alma, fortaleciendo y cambiando nuestra experiencia de vida. Estos sentimientos generan los químicos naturales que nos hacen sentir bien, realzando nuestro bienestar. En este estado positivo y a través de una onda expansiva, transmitimos estas buenas vibraciones a todos los demás.

Printed in the United States
By Bookmasters